きみも言ったことがあるかも？

ちくちくことば・ふわふわことば
言いかえじてん
1

自分の意見や考えを言いたいとき

【監修】鈴木教夫

【文】秋山浩子　【イラスト】イケガメシノ

汐文社
ちょうぶんしゃ

はじめに

言われると悲しくなったり、きずついたりする「ちくちくことば」。
言われるとうれしくなったり、元気が出たりする「ふわふわことば」。

自分の考えや意見を言いたいとき、思わず「ちくちくことば」で伝えていない？
聞いた相手はどんな気持ちになるかな？
自分が言われたらどう感じるかな？

伝えたいことや自分の気持ちが相手にうまくとどくように、おたがいが気持ちよく話し合えるように、そんな「ちくちくことば」を「ふわふわことば」に言いかえてみよう。やさしい空気が広がるよ。

この本には、いろいろな言いかえ例が出てくるよ。
みんなならどう言う？　いっしょに考えてみてね。

みんなのことを、いつもどこかで見ているよ。
ときどき変身して、アドバイスを送るよ！

もくじ

思ったことを言っただけ？

ケース1 ｜ 作業がおそい人に

クラスのみんなで輪かざりを作ることになったよ。
かんたんなはずなのに、あんまり進んでいない人がいる。

ねえ、
こんなことも
できないの？

ひとりだけなかなか進まなくてイライラ。やる気がないのかな？できないとみんながめいわくする

この作業はちょっと苦手。自分なりにやろうとしているんだけど、あせるとなおさらうまくいかない。せめられると悲しい

まわりの人

たしかにモタモタしてるし。言われるのもわかる

おそいけど、あんなふうに言わなくてもいいんじゃない？

わたし、けっこうとくいだから、手伝ってあげようかな……

本人にはっきり言うって勇気あるね。言い方キツイけど！

アドバイス

自分にはかんたんに思えても、人によってはむずかしかったり苦手だったりすることもあるよ。相手のことを考えてみると、ふわふわことばがうかんでくるよ！

うまくいかない？

どうやったら
うまくいく？

ほかの言いかえ例

○ どうしたらできるかな？　○ いっしょにやってみようか
○ むずかしいところがあったら言ってね

思ったことを言っただけ？

✴ おそ〜い！
みんなおこってるよ

ケース2｜時間におくれてきた人に

いつもの公園でみんなで遊ぶ約束をしていたのに、
ひとりだけずいぶんおくれてやってきた。

✴ 言った人

約束したのに、なかなかこないんだもん。
待ってたみんなの気持ちも言わないと

💧 言われた人

いつもの公園って、パンダ公園じゃなくカバ公園？　さがしてきたのに、おこるの？

ふわふわことばに言いかえてみよう

どうしたの？　心配したよ　▶　おそくなってごめんね。パンダ公園に行っちゃったんだ

アドバイス

落ちついて、おくれた理由をふわふわことばで聞いてみて！　約束するとき
「いつもの○○」はまちがえやすいね。時間や場所ははっきり決めよう。

思ったことを言っただけ？

うるさいな さっさとやってよ

○月 X日 (月)

ケース3 | おしゃべりをしている人に

はんごとにかべ新聞をつくる時間、しゃべっていて決められた役わりを、なかなかやらない人がいる。

言った人

声がうるさいし、じゃましてるし。早くやってくれないとチャイムがなる

言われた人

やろうとしてたのに、いきなり大声でうるさいって、なによ。びっくりした！

ふわふわことばに言いかえてみよう

早く終わると遊べるよ ▶

ホントだ！ ごめん、早くやらなきゃ遊べないね

アドバイス

みんなのために注意することはあるよね。相手がどうしてそういうことをしたのか考えて、ふわふわことばで伝えてみよう！

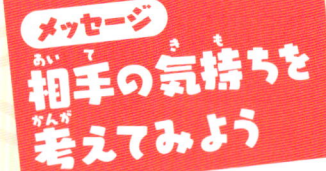

メッセージ
相手の気持ちを
考えてみよう

みんなのためだと思って言ったのに、相手がおこってしまったり、まわりが引いてしまったりすると、どうしてだろう？ってモヤモヤするよね。

自分の思ったことや言いたいことだけを伝えようとすると、相手をせめたり、命令っぽい言い方になったりしがち。
思ったことがうまく伝わらないのは、相手の気持ちを考えず、ちくちくことばを使っているのかも！

ふわふわことばに言いかえて、みんながわかり合えれば、きっとうまくいくよ。

いろいろな言いかえ例

3つのケース、ほかにどんな言いかえができるかな？
みんなも考えてみてね

ケース 1

ちくちくことば
- まだぁ？　おそいんだけど
- 早くしろよ

▼

ふわふわことば
- 手伝おうか
- 落ちついてやってみよう

ケース 2

ちくちくことば
- 何してたの？
- みんなにあやまれよ

▼

ふわふわことば
- 待ってたよ
- 何があったのか話してよ

ケース 3

ちくちくことば
- あのさ！　めいわくなんだけど
- ちょっとだまってよ

▼

ふわふわことば
- 何かまよっているのかな？
- ちょっと声が大きいかも

ふわふわことばをたくさんおぼえるといいよ！

正^{ただ}いことを教^{おし}えてあげた?

レクリエーションのドッジボール、いつものルールで
やろうとしたら、別^{べつ}のルールを言^いい出^だした人^{ひと}がいる。

ぜったいいつも通りがいい。ルール変えるなんてムリ。はっきり言い返さなきゃ

いつもとちがうルールでやってみたいから、みんなに相談しようと思ったんだけどな。いきなり反対されてショック！

まわりの人

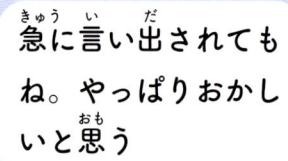

ちがうルールもおもしろそう。試しにやってもいいのに

ルールが変わるとめんどくさい。言ってくれてよかった

急に言い出されてもね。やっぱりおかしいと思う

ひどい言い方されてかわいそう。もう何も言えなくなるよ

アドバイス

自分がいいと思ったこととちがう意見を出されると、イヤな気分になるかもしれないけど、自分の考えをちくちくことばでおしつけないで！　相手の考えも聞いてみてね。

くわしく教えてよ

うん、やってみる？

ほかの言いかえ例

- そんなルールもあるんだね
- 知らなかった。いいかも
- 今日はいつも通りで、来週はそのルールでやってみよう

正しいことを教えてあげた？

は〜？聞いたことないよ

ケース2 ┃ 知らないことを話す人に

バナナにマヨネーズをかけたらおいしい、っていう人がいた。
家でいつも食べているってホントかな。

言った人

バナナってあまいし、生クリームならわかるけどマヨネーズなんてことある？

試したらホントにおいしかったんだ。食べたこともないのに、決めつけてハラ立つ

言われた人

ふわふわことばに言いかえてみよう

 **それ、初めて聞いた** ▶  **びっくりでしょ？おいしいからやってみて！**

アドバイス

自分が知らなかったことを聞いてびっくりしたとき、バカにしたり、言い返したり決めつけたりしがち。相手の話もじっくり聞いてみよう！

正しいことを教えてあげた？

ふつうは
こう折るでしょ

ケース3 | やり方がちがう人に

クラスで折り紙のチューリップを作っているんだけど、折り方がみんなとちがう人がいる。まずいよね。

みんなと同じチューリップにしてほしいから、正しい折り方を教えてあげた

おばあちゃんに教えてもらった折り方なんだけど。ふつうって何?? 知らないし

言った人

言われた人

ふわふわことばに言いかえてみよう

 **そういう折り方もあるんだね** ▶  **みんなはちがうの？ その折り方教えてよ**

アドバイス

自分は正しい、相手がまちがっていると決めつけて、一方的におしつけないで！ やり方を変えてほしいときは、理由をふわふわことばで説明しよう。

メッセージ
ちがう意見にも耳をかたむけてみよう

　まちがったことや、おかしなことを言っている人に、それはちがうって教えてあげているのに、逆ギレされたり、言い返されたりするとイラッとするよね。

　自分が正しいと思っていること、当たり前だと考えていることが、相手にとっても正しい、当たり前とはかぎらない。自分だけの考えをおしつけるのは、ちくちくことばだよ。

　ちがう意見にも耳をかたむけたり、ちがいをみとめたりできるように、ふわふわことばを選んでみよう。きっと会話がはずむよ。

いろいろな言いかえ例

3つのケース、ほかにどんな言いかえができるかな？
みんなも考えてみてね

ケース 1

ちくちくことば

- ムリ〜
- いきなり何言ってるの？

▼

ふわふわことば

- それもおもしろそうだね
- 1回やってみようか

ケース 2

ちくちくことば

- おいしいわけないよ！
- そんな食べ方、ありえない

▼

ふわふわことば

- おいしいなら、試してみようかな
- おもしろい食べ方だね

ケース 3

ちくちくことば

- 正しい折り方、知らないの？
- なんでそんな折り方するかな

▼

ふわふわことば

- その手があったか！
- こっちの折り方でいっしょにやってみない？

ふわふわことばを使うと、みんないい気分になる！

失敗を はげましたい？

ケース1 ｜ 失敗をくり返す人に

大なわとびで記録にチャレンジ。がんばっているのに、
よく引っかかる人がいる。また失敗した。

☀ 言った人

何度も引っかかっちゃって、くやしいよね。友だちだから、その気持ちわかるよって伝えたくて

残念なのは、自分が一番感じてる。みんなの前でわざわざ言うって、せめてるわけ？　よけいにドキドキして、また失敗しそう……

● 言われた人

まわりの人

あの言い方、イヤだな。楽しくとべなくなってきた

せっかく続いていたのに、とぎれちゃった。またがんばろう

ほんと残念、またやり直しかぁ。もうカンベンしてよ〜

だれでも失敗したくないし。自分なら、そっとしてほしいな

アドバイス

失敗した人は、わざとしているわけではない。はずかしかったりくやしかったりするかもしれないよ。気持ちの切りかえができるように、ふわふわことばではげまそう！

だいじょうぶ。
次（つぎ）、いこう！

次（つぎ）は決（き）めたいな

ほかの言（い）いかえ例（れい）

○ 気（き）にしない！ ○ いい感（かん）じになってきた
○ もう1回（かい）、みんなでがんばろう

あきらめるの？

ケース2 | 練習をやめた人に

みんなで一輪車の練習をしていたら、うまくできなくて練習をやめちゃった人がいる。

もうちょっとでできそうだったから、ここでやめたらもったいないでしょ

言った人

どうしたら乗れるか、考えていたのに。なんか気分悪い。もういいや

言われた人

ふわふわことばに言いかえてみよう

 **いっしょに練習しようよ** ▶  うん、やってみようかな。次はできそう！

アドバイス

いっしょうけんめい練習しているのに、とちゅうであきらめたみたいに言われたら、やる気がなくなるかも。ふわふわことばでおうえんしよう！

失敗をはげましたい？

あ〜、何やってんだよ。早く！

ケース3 │ 物をこわした人に

そうじのとき、まちがって教室の植木ばちをたおしてしまった人がいる。土がゆかにちらばっているのに、その場で固まったまま。

音におどろいたけど、早く土をかたづけないといけないから、手伝おうと思ったんだ

言った人

植木ばちをたおしちゃって頭が真っ白。おこられたみたいで、ますますパニック！

言われた人

ふわふわことばに言いかえてみよう

 **だいじょうぶ？ かたづけようか** ▶  ありがとう。どうしたらいいのかわからなくなってた……

アドバイス

アクシデントが起こるとびっくりして、落ちついて行動できなくなることもあるよね。相手が安心できるように、ふわふわことばで声をかけて！

25

メッセージ
相手（あいて）のことを
よく見（み）てみよう

　失敗（しっぱい）した人（ひと）をはげましたい、おうえんしたい、と思（おも）うのはとても大事（だいじ）。力（ちから）になりたくて言（い）ったのに、悲（かな）しそうにされたり無視（むし）されたりするとガッカリだよね。

　だれでも失敗（しっぱい）すると、あせったり、はずかしかったり、オロオロしたり、何（なに）も考（かんが）えられなくなったりする。まずは安心（あんしん）してもらおう。失敗（しっぱい）をせめたり、追（お）いつめたりすると、ちくちくことばが出（で）てしまうから気をつけて！

　相手（あいて）のことをよく見（み）て、思（おも）いやりのあるふわふわことばで、はげましの気持（きも）ちを伝（つた）えよう。

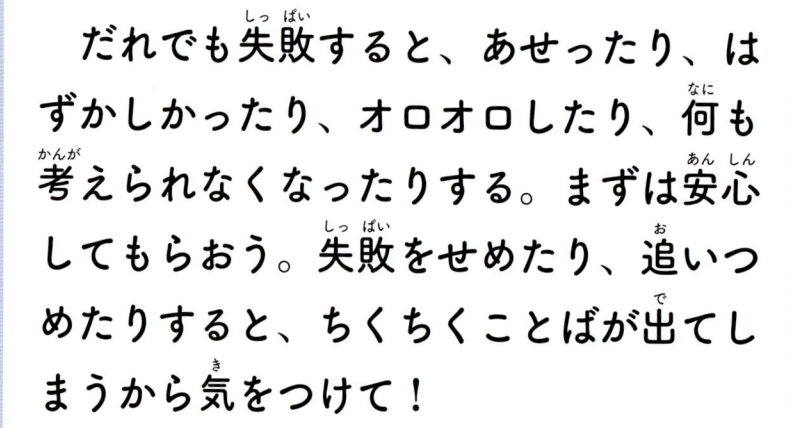
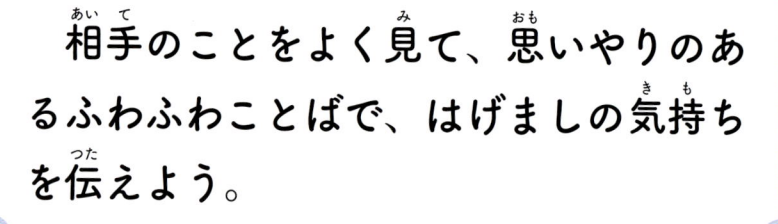

いろいろな言いかえ例

3つのケース、ほかにどんな言いかえができるかな？
みんなも考えてみてね

ケース 1

ちくちくことば
- どうしちゃったの〜？
- 次は失敗しないでね

▼

ふわふわことば
- さあ、続けよう！
- またがんばろう

ケース 2

ちくちくことば
- サボっちゃダメ
- なんでやめるの？

▼

ふわふわことば
- あと少しじゃない？　きっとできるよ
- もう乗れそうだよ

ケース 3

ちくちくことば
- ちょっと、何してるの？
- あ〜、ヤバい。どうしよう

▼

ふわふわことば
- おどろいたね。ケガはない？
- いっしょにかたづけよう

> ふわふわことばを言われると、うれしくなるね！

みんなで考えよう。どう言えばいいのかな？

相手の気持ち、自分の気持ち、まわりの人の気持ちをイメージして言いかえてみよう。

1 じゅくの時間が気になって、たのまれていた係の仕事をわすれて帰ってしまった。次の日、友だちに注意されてつい「**うるさいな。こっちだっていそがしいんだから！**」って言っちゃった。

自分はどんな気持ちだったのかな？

友だちは、どんな気持ちになったかな？

ふわふわことばに言いかえてみよう

1の解答例

- **自分の気持ち**……………悪かったと思っているのに、注意されてイヤだった
- **友だちの気持ち**……………とても悲しい気持ちになったと思う
- **言いかえ**……………ごめんなさい。今度から係の仕事をきちんとやります

28

2 みんなで竹馬の練習をしていたら、失敗して転んでしまった人がいた。そばで見ていた人が「**竹馬なんかかんたんでしょ。ダメだな!**」と言っている。

転んだ人はどんな気持ちになったかな?

まわりの人たちは、このことばを聞いてどう思ったかな?

ふわふわことばに言いかえてみよう

2の解答例

○ **転んだ人の気持ち**…………転んではずかしい。竹馬がきらいになった
○ **まわりの人の気持ち**…………もっと相手の気持ちを考えて言いなよ。好きで失敗する人はいないよ!
○ **言いかえ**…………おしかったね。ずいぶんじょうずになったね

この本に出てくる言いかえ例

自分の考えや意見を言いたいとき、どう伝えたらいいのかな？
「ちくちくことば」「ふわふわことば」をヒントに、考えてみてね。

○ おもしろいアイデアだね

やり方がちがう人に　17

ちくちくことば
○ ふつうはこうするでしょ
○ 正しいやり方、知らないの？
○ なんでそんなやり方するかな

ふわふわことば
○ そういうやり方もあるんだね
○ その手があったか！
○ こっちのやり方でいっしょにやってみない？

失敗をくり返す人に　20

ちくちくことば
○ あ〜あ、残念！　またやっちゃったね
○ どうしちゃったの〜？
○ 次は失敗しないでね

ふわふわことば
○ だいじょうぶ。次、いこう！
○ 気にしない！
○ いい感じになってきた
○ もう1回、みんなでがんばろう
○ さあ、続けよう！
○ またがんばろう

練習をやめた人に　24

ちくちくことば
○ あきらめるの？
○ サボっちゃダメ
○ なんでやめるの？

ふわふわことば
○ いっしょに練習しようよ
○ あと少しじゃない？
○ もうできそうだよ

物をこわした人に　25

ちくちくことば
○ あ〜、何やってんだよ
○ ちょっと、何してるの？
○ あ〜、ヤバい。どうしよう

ふわふわことば
○ だいじょうぶ？　かたづけようか
○ おどろいたね。ケガはない？
○ いっしょにかたづけよう

＊ 幅広く使えるよう、本文のことばを一部変更しています。

使ってはいけないちくくことば

どりょくをみとめないことば
○ へたくそ　○ ダメだね　○ だまれ　○ つまんない
○ 意味わかんない　○ はい、論破！

ミスやまちがえたことをせめることば
○ そんなことも知らないの？　○ ふざけるな
○ 信じられない　○ ボケ　○ 何してんの
○ どんくさい

生きていることをみとめないことば
○ マジきもい　○ クソ、死ね！　○ ウザい
○ いなくていい　○ こなくていい　○ 消えろ

不安にさせることば
○ 近よるな　○ へんなの　○ うるせえ
○ じゃまだ　○ めんどくさ　○ はぁ〜？

顔や体のことをけなすことば
○ 太ったね　○ やせてるね　○ ちっちゃ！
○ でかっ！　○ くさい　○ へんな顔

［監修］
鈴木教夫○すずきのりお
兵庫教育大学大学院学校教育研究科修士課程修了。茨城県スクールカウンセラー。文教大学及び東京理科大学非常勤講師。一般社団法人日本学校教育相談学会監事。日本学校教育相談学会埼玉県支部理事長。一般社団法人日本スクールカウンセリング推進協議会企画委員兼研修委員。埼玉県ガイダンスカウンセラー会副会長「学校カウンセラー・スーパーバイザー」「上級教育カウンセラー」「ガイダンスカウンセラー・スーパーバイザー」。埼玉県内公立学校教員を経て現職。

［文］
秋山浩子
［デザイン］
小沼宏之［Gibbon］
［イラスト］
イケガメシノ

きみも言ったことがあるかも？
ちくちくことば・ふわふわことば
言いかえじてん
❶自分の意見や考えを言いたいとき

2024年8月　初版第1刷発行

○監修
鈴木教夫
○発行者
三谷光
○発行所
株式会社汐文社
〒102-0071
東京都千代田区富士見1-6-1
TEL 03-6862-5200｜FAX 03-6862-5202
https://www.choubunsha.com
○印刷
新星社西川印刷株式会社
○製本
南京美術紙工協業組合
ISBN978-4-8113-3168-3

この本を手にされた保護者の方や先生方へ

　この本は、「自分も相手も大切にする自己表現」であるアサーションの考えをベースにしています。

　子どもたちの言葉は「ちくちくことば」になりがちです。「ちくちくことば」は、自分を危険から守るときには必要です。しかし、相手の気持ちを傷つけたり、まわりの人たちを不快な気持ちにさせたりしてしまいます。そこで、子どもたちが日常生活で経験しそうな場面を想定し、「相手のことも考える」と「ふわふわことば」に言いかえられることを例示しています。また、言いかえを考えるときのアドバイスや相手のことを考える視点をメッセージとして示しています。

　自分が伝えたいことだけでなく、相手のことを考えることで、自分も相手も大切にした「素敵な表現」（アサーティブな自己表現）にしていくことのコツを、お子さんと一緒に探してみましょう。

鈴木教夫